Couverture inférieure manquante

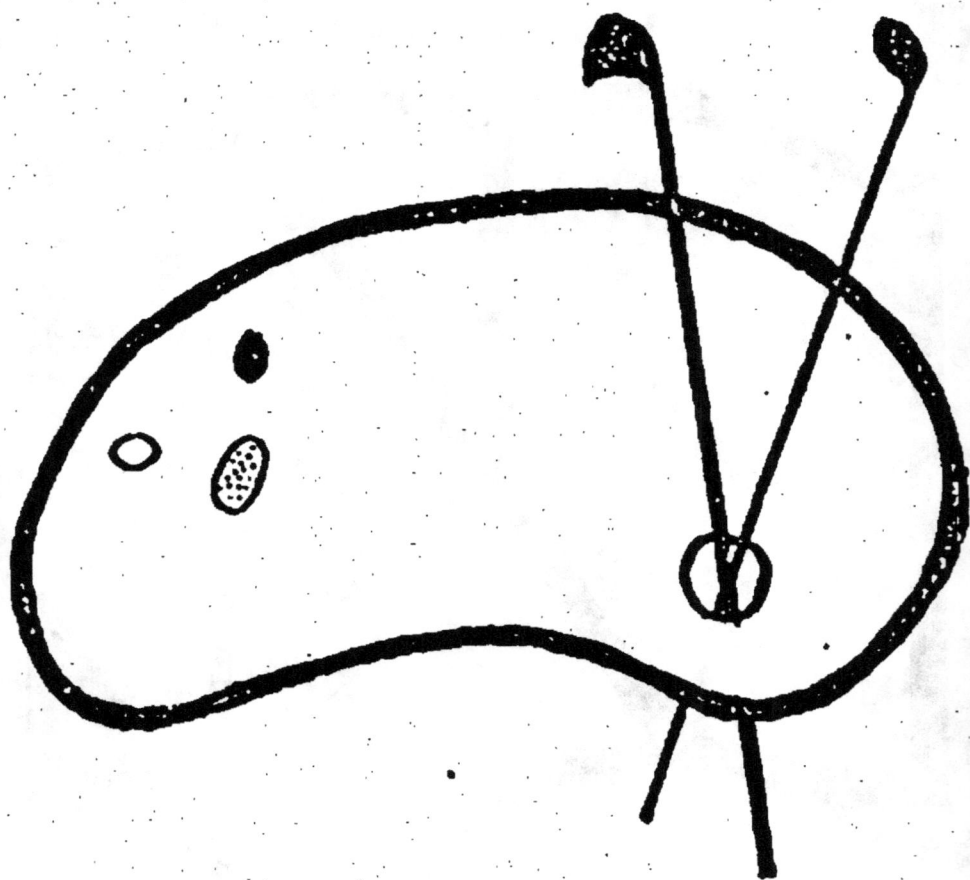

DEBUT D'UNE SERIE DE DOCUMENTS
EN COULEUR

SOCIÉTÉ DE NOTRE-DAME DU PATRONAGE

DE TOULOUSE

ŒUVRE

DES APPRENTIS ET JEUNES OUVRIERS

FÊTE DE L'INAUGURATION

DU

NOUVEAU LOCAL

OFFERTE AUX BIENFAITEURS DE LA SOCIÉTÉ ET PRÉSIDÉE

PAR

MONSEIGNEUR L'ARCHEVÊQUE

TOULOUSE

IMPRIMERIE J. PRADEL ET BLANC

PLACE DE LA TRINITÉ, 12

1864

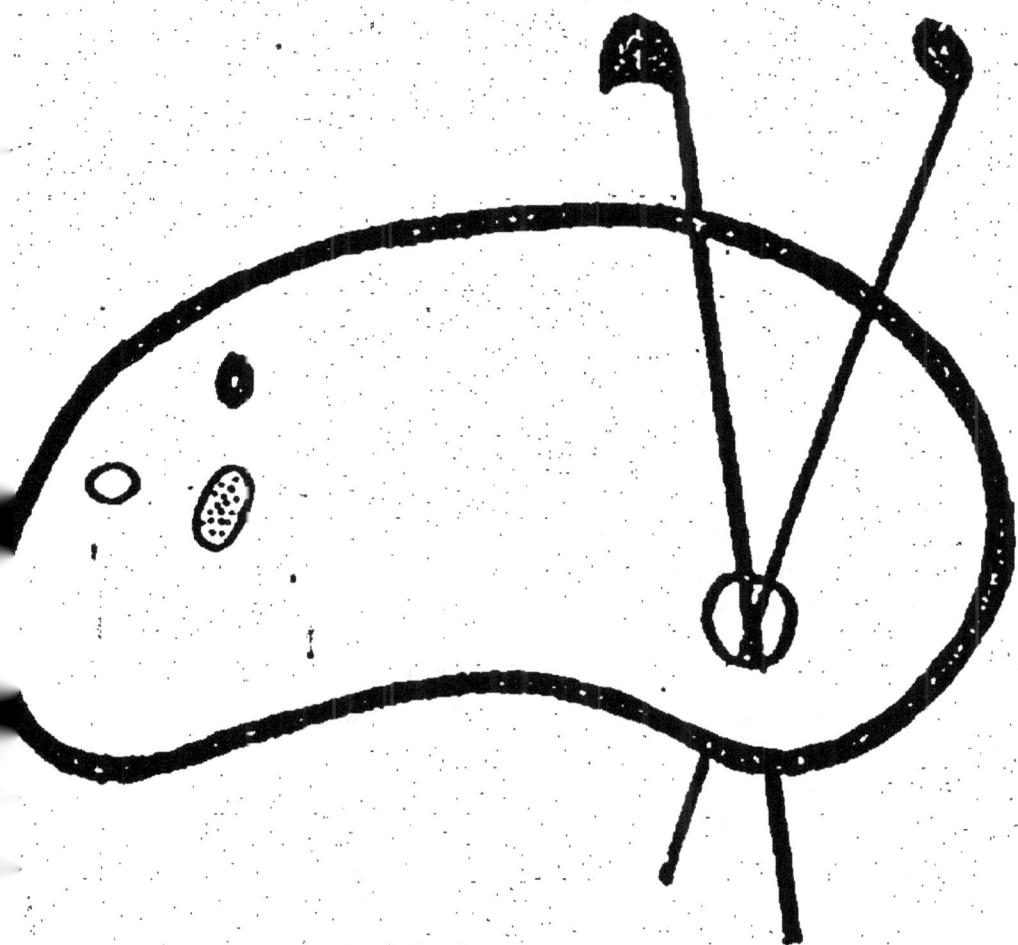

FIN D'UNE SERIE DE DOCUMENTS
EN COULEUR

—

SOCIÉTÉ DE NOTRE-DAME DU PATRONAGE

DE TOULOUSE

Le dimanche, 19 juin 1864, Monseigneur l'Archevêque a daigné bénir le nouveau local de la Société du Patronage, vaste emplacement sis à l'entrée de la grande rue Saint-Michel, sur lequel a déjà été bâtie une belle chapelle, et où sont disposées, dès à présent, outre le gymnase, diverses salles pour les exercices et les jeux des apprentis ou jeunes ouvriers.

Avant l'heure fixée pour la petite fête d'inauguration, la salle de réunion, pouvant contenir plus de trois cents personnes, avait été en grande partie occupée par les mères ou parentes des jeunes apprentis. Les places réservées aux dames qui s'intéressent à l'œuvre ont été aussi garnies de bonne heure. Les siéges de distinction placés auprès du fauteuil de Monseigneur ont été occupés, à l'entrée de Sa Grandeur, par des membres éminents du clergé et de la magistrature, et par Messieurs les Patrons de l'œuvre, dont plusieurs cependant, au grand regret du Directeur, n'ont pas pu pénétrer dans la salle qui, dès l'ouverture de la séance, s'est trouvée complètement encombrée.

Après un compliment adressé à Monseigneur l'Archevêque par un des apprentis au nom de tous ses camarades, on a entendu une cantate intitulée : *L'Ouverture du Patronage,* dont la musique avait été composée pour la circonstance par un des meilleurs artistes de Toulouse, M. Kunc, et qui a été fort bien chantée.

M. Rodière, l'un des membres du conseil, a lu ensuite un rapport sur l'œuvre, où il a fait appel à la générosité des personnes bienfaisantes, si nombreuses à Toulouse, particulièrement des dames. La vive émotion qu'il a produite dans l'auditoire, a prouvé que la plume du savant écrivain était guidée par un cœur de chrétien, disons mieux : par un cœur d'apôtre.

Une seconde cantate sur un sujet touchant, *L'Apprenti content*, a précédé une petite pièce fort amusante, intitulée : *Un Quart d'heure de révolution au Patronage*. Cette boutade, remplie de tableaux spirituellement esquissés des maux sans nombre qu'amènent inévitablement l'insubordination et la révolte, a été fort bien jouée par les jeunes acteurs, et a excité constamment l'hilarité de l'auditoire. Elle a été suivie d'un dernier chant intitulé : *Notre-Dame des apprentis*, dont l'air délicieux est dû au talent de M. Laburthe.

Les exercices finis, Monseigneur l'Archevêque a adressé aux jeunes apprentis une allocution paternelle, pleine de vérités frappantes sur la nécessité des distractions et des jeux, principalement dans le jeune âge, et de douces peintures des joies vives et toujours nouvelles que procurent aux âmes pures les moindres récréations et les jeux les plus simples.

Après cette allocution, qui a charmé en même temps qu'ému toute l'assistance, sa Grandeur a béni la salle où se tenait l'assemblée; et si cette salle s'est trouvée beaucoup trop petite pour recevoir toutes les personnes qui s'étaient rendues à la fête d'inauguration, cela prouve combien l'œuvre du Patronage excite de sympathies dans la population toulousaine, et combien elle pourra recevoir d'extension quand la quotité des dons répondra à l'étendue de son nouveau local.

Le Conseil a pensé que les personnes qui portent intérêt au Patronage seraient heureuses de connaître, par une analyse qu'on a tâché de rendre aussi fidèle que possible, le Discours de Monseigneur l'Archevêque. Le compliment adressé à Monseigneur par l'un des apprentis au commencement de la séance, le rapport sur l'œuvre, et les cantates chantées à la fête d'inauguration seront lus aussi peut-être avec intérêt. On a placé ces documents avant l'analyse du discours de Monseigneur, pour se conformer à l'ordre de la séance. Cette petite offrande a été inspirée au Conseil par un sentiment de vive reconnaissance envers les bienfaiteurs de l'œuvre.

COMPLIMENT ADRESSÉ A MONSEIGNEUR
PAR UN JEUNE APPRENTI.

MONSEIGNEUR,

La plus humble portion de votre immense troupeau n'est pas la dernière dans les tendresses de votre sollicitude paternelle. Comme le divin Maître, dont vous êtes pour nous la vivante image, vous aimez à descendre vers les pauvres et les petits de ce monde. Votre présence à cette fête de famille, Monseigneur, en est pour nous et pour nos chers patrons une preuve touchante qui nous honore à la fois et nous réjouit. Elle portera bonheur à cette maison naissante du Patronage qui veut s'ouvrir sous vos auspices, Monseigneur, et recevoir de votre main, ou plutôt de votre cœur de pontife et de père, une de ces bénédictions fécondes qui appellent les prospérités de l'avenir!

Comment répondre à tant de bonté? Le Patronage est pauvre. Mais c'est de grand cœur qu'il vous offre, Monseigneur, en vous priant de les agréer, les plus beaux fruits de son jardin; ce sont d'abord tous ces fronts joyeux qui s'épanouissent en ce moment sous les regards de leur premier pasteur; et puis, des voix fraîches comme les eaux de la Garonne; enfin, les timides essais de quelques Talma en herbe, qui vont représenter sur la scène *Un Quart d'heure de révolution au Patronage.* Ils vous demandent grâce, Monseigneur, pour leur inexpérience, qui a moins consulté ses forces que le désir de vous plaire, et nous comptons aussi sur l'indulgence de ce nombreux et bienveillant auditoire.

RAPPORT SUR L'ŒUVRE

PAR M. RODIÈRE, MEMBRE DU CONSEIL.

MONSEIGNEUR,

L'absence du très honorable Président de notre œuvre, M. le baron Doujat-d'Empeaux, me procure l'honneur de remercier Votre Grandeur de la grâce qu'elle veut bien nous faire aujourd'hui, en venant bénir un nouveau local où notre Société est destinée, je l'espère, à recevoir un plus grand développement.

Les Sociétés de Patronage des jeunes ouvriers ou apprentis sont devenues depuis quelques années fort nombreuses en France, parce que leur utilité est universellement reconnue. Elles procurent, en effet, à la classe ouvrière, le plus grand de tous les biens, en conservant dans ses jeunes générations les idées chrétiennes. Cela seul suffit pour les recommander à l'estime publique, puisqu'il ne saurait y avoir de meilleures œuvres que celles qui ont pour premier objet le salut des âmes; et, au point de vue du bon ordre, on peut affirmer que la société tout entière est intéressée à leur propagation. Sous une forme de gouvernement qui fait découler tous les pouvoirs du suffrage universel, que de malheurs n'aurait-on pas à redouter, si les doctrines matérialistes et anti-sociales comptaient dans la classe ouvrière un trop grand nombre d'adeptes! Les œuvres de Patronage, en formant de bons chrétiens, assurent par cela même des appuis aux bonnes doctrines dans la classe qui, par sa supériorité numérique, pourrait, à un moment donné, amener dans notre organisation politique les plus étranges et les plus effrayants bouleversements.

Aussi les Sociétés de Patronage sont-elles vues avec une faveur particulière dans les grands centres manufacturiers.

Paris en compte jusqu'à quarante.

Le département qui vous a vu naître (*), Monseigneur, en a huit;

(*) Le département du Nord.

celui de la Moselle, treize, et à *Metz* en particulier, M. l'abbé Risso, fondateur de l'œuvre, a trouvé dans la population tant de sympathies, qu'il a pu attacher au Patronage quatre religieux pris dans l'institut des frères de Saint-Vincent de Paul, qui donnent non-seulement le dimanche, mais encore tous les soirs de la semaine, des soins particuliers aux patronés.

Le département des Bouches-du-Rhône n'a que six maisons de Patronage; mais la ville de *Marseille*, berceau de notre œuvre, possède deux grands établissements, dont le plus ancien, celui qui fut fondé il y a plus de soixante ans par le vénérable abbé Allemand, compte plus de trois cents membres.

A *Nantes*, chose admirable! le Patronage est fréquenté par plus de six cents apprentis ou ouvriers, et l'œuvre y est connue sous le nom heureux de *Notre-Dame de toutes joies*, qui exprime bien la piété affectueuse des bons Bretons envers la Sainte Vierge.

Notre ville de *Toulouse*, où toutes les idées chrétiennes sont assurées de rencontrer des encouragements, ne pouvait pas se montrer indifférente pour une œuvre aussi appropriée aux besoins du temps présent que celle du Patronage; mais le nombre de nos patronés devrait être au moins le triple de ce qu'il est, pour répondre à l'importance toujours croissante de notre cité. Nous regrettons de dire qu'il n'a pas encore atteint, Monseigneur, celui qu'on a obtenu dans votre ancienne ville épiscopale de Limoges, dont la population est si inférieure à la nôtre, et où le chiffre des patronés s'élève, d'après le dernier rapport, à cent cinquante, tandis que chez nous il atteint à peine celui de cent.

Quoique nos patronés soient peu nombreux, Monseigneur, le révérend Père qui veut bien diriger notre œuvre avec un zèle infatigable dont nous ne saurions jamais assez le remercier, a établi entre eux, comme cela convient dans toute Société bien ordonnée, une véritable hiérarchie. Nos apprentis ne sont rigoureusement égaux qu'à l'heure du goûter, où l'appétit étant le même chez tous, il convient que les rations soient égales aussi. Partout ailleurs ils sont divisés en quatre catégories ayant des patrons spéciaux, dont nos apprentis peuvent contempler les douces images dans les statuettes qui ornent les murs de cette salle même.

Nous avons d'abord les *Aspirants*, qui ont pour patron leur Ange Gardien. Pour être reçu aspirant, il suffit que le jeune apprenti soit présenté par ses parents, ou par une personne recommandable de la ville, quelle qu'elle soit.

Après deux mois d'épreuve, l'aspirant qui s'est bien conduit devient *Agrégé*, et se consacre, le jour de son admission, à saint Louis de Gonzague, patron de tous nos apprentis du second degré.

Un an après, l'agrégé qui a eu constamment de bonnes notes, devient *Affilié*; c'est le troisième échelon. Il passe alors sous le patronage de saint Joseph, et jouit déjà de plusieurs prérogatives; car les affiliés, à la chapelle et dans la salle commune, ont des places d'honneur, et ils sont admissibles à toutes les charges secondaires.

Encore un an, et l'affilié bien noté parvient à la classe la plus élevée, à celle des *Sociétaires*. Tous les Sociétaires se consacrent à la Sainte Vierge, et ils prennent part, avec les Directeur et Sous-Directeurs, au gouvernement même de l'œuvre, dont ils deviennent ainsi les colonnes fondamentales.

Cette hiérarchie entretient entre nos apprentis une émulation des plus utiles.

Notre habile Directeur s'en est tenu jusqu'ici à ces quatre degrés. Je sais cependant qu'à Marseille il y a encore un degré supérieur, celui des *Décorés*. Un décoré, dans les maisons de Patronage de Marseille, c'est comme qui dirait dans l'armée un Maréchal de France. Il porte constamment à sa boutonnière une médaille de la Vierge, retenue par un ruban blanc.

Comme on ne peut être décoré qu'après sept années entières d'une conduite absolument irréprochable, je ne crois pas que la dépense des médailles et du ruban doive, à Marseille, grever considérablement la caisse; et, quoique nos ressources soient bien minces, nous pourrions, ce me semble, affronter sans grande imprudence les charges que pourrait entraîner chez nous l'établissement de cette dignité sur-éminente (*).

(*) Depuis plus d'un an, le R. P. Lamy directeur de l'œuvre, a, du reste, établi à Toulouse une cinquième catégorie, analogue à celle des décorés de Marseille: c'est celle des *Vétérans*, placés sous le patronage du Sacré-Cœur. Arrivés à l'âge de

Je disais tout-à-l'heure, Monseigneur, que nos apprentis ne sont tout-à-fait égaux qu'à l'heure du goûter; je dois ajouter cependant qu'il n'y a pas non plus entre eux la moindre différence pour la joie qu'ils ressentent aujourd'hui, et à laquelle tous leurs patrons sont si heureux de s'associer.

La solennité de ce jour, mes chers apprentis, est, en effet, la plus belle qui ait encore lui pour le Patronage.

Nous avons le bonheur de posséder parmi nous notre premier pasteur, qui nous apporte ses précieuses bénédictions et nous témoigne, par son accueil, combien il daigne s'intéresser à notre œuvre. Nous le voyons entouré du premier dignitaire et de respectables chanoines de son chapitre, dont un contribua de la manière la plus efficace, il y a vingt-un ans, à l'établissement du Patronage (*).

La Compagnie de Jésus ne pouvait pas nous faire défaut aujourd'hui, puisque notre œuvre n'a fructifié que par ses soins; enfin, plusieurs Messieurs, parmi lesquels nous voyons des magistrats éminents, et plusieurs Dames des plus honorables que compte notre cité, nous prouvent par leur présence que leurs sentiments pour nous ne diffèrent point de ceux de tout le Clergé séculier et régulier.

Nous devons remercier Dieu, mes chers apprentis, de tant d'honneur qu'on daigne nous faire, et lui rendre grâces aussi de ce que nous avons pu recevoir tant d'hôtes respectables dans un local qui est la propriété de l'œuvre, c'est-à-dire votre propriété à vous.

Vous avez, en effet, maintenant un motif de plus, et un motif puissant, pour aimer le lieu de vos réunions. Nous sommes tous ainsi faits, que nous nous attachons davantage à ce qu'il ne dépend pas de la volonté d'autrui de nous enlever. Le laboureur tient plus au petit champ qu'il a reçu de ses pères, qu'à un champ dix fois plus grand

dix-neuf ans accomplis, les Sociétaires qui veulent rester attachés au Patronage, sans en garder les assujettissements, passent dans la classe des vétérans. Ils sont toujours reçus avec bonheur dans la maison où ils édifient les membres plus jeunes par leurs bons exemples; mais ils ne sont pas soumis aux prescriptions du Règlement.

(*) M. l'abbé Barthier. — M. l'abbé de Lartigue, curé de St-Exupère, a travaillé avec lui à la fondation de l'œuvre, et n'a point cessé de prendre part à sa direction.

qu'il aurait affermé, parce que le premier est sa propriété. Par la
même raison, on s'attache beaucoup plus à une maison dont on est
propriétaire, qu'à une autre où l'on ne serait qu'en location; et les
Anges et les Saints ne se trouvent eux-mêmes si bien en paradis,
que parce qu'ils y ont une demeure stable et qu'ils y sont propre-
ment chez eux.

Dans ce lieu-ci, vous êtes maintenant chez vous. Jusqu'ici vous
aviez dû dire simplement quand vous vous rendiez à nos exercices :
Je vais au Patronage. Maintenant vous pouvez dire : Je vais à notre
maison du Patronage. Et quand devenus hommes quelques-uns de
vous se seront mariés, leurs enfants, un jour, pourront à leur tour
en dire autant.

A qui devez-vous d'être ainsi devenus propriétaires? Vous le devez,
mes chers enfants, à notre sainte religion.

Il se peut qu'il existe quelques œuvres de Patronage dans les pays
protestants, mais je ne crois pas qu'elles puissent y être nombreuses.
Les œuvres de bienfaisance ne peuvent, en effet, réussir complètement que lorsque des personnes dévouées y consacrent tous leurs
revenus et toute leur vie. Ce dévouement absolu ne saurait guère se
trouver chez les ministres des cultes dissidents, qui ont pour la plupart à se préoccuper de l'avenir d'une famille. Pour le prêtre catho-
lique, au contraire, ce dévoûment est une chose toute naturelle. Sa
famille, à lui, ce sont tous les malheureux, tous les indigents, et
généralement tous les êtres qui ont besoin de protection ou de secours.
Son bonheur, par conséquent, n'est pas d'amasser, mais de donner;
ou s'il amasse un jour, ce n'est que pour donner davantage le len-
demain.

Tous les indigents, mes chers apprentis, représentent notre divin
Maître, puisqu'il l'a dit lui-même; mais, quand vous êtes sages et
pieux, il semble que vous le représentez trait pour trait, puisque c'est
dans une condition analogue à la vôtre qu'il voulut naître, et au
milieu de travaux semblables aux vôtres qu'il voulut passer la plus
grande partie de sa vie mortelle. Je m'explique donc facilement pourquoi la plupart des œuvres de Patronage ont été fondées en France
par des ecclésiastiques, et pourquoi la nôtre a pu recevoir, par une

voie analogue, un don considérable, qui lui a permis d'acquitter la moitié à peu près du prix de notre acquisition.

L'autre moitié du prix, il a fallu l'emprunter; et nous la devons. Mais les mêmes sentiments charitables qui chez les uns provoquent les dons, déterminent chez d'autres les prêts généreux, qui sont aussi des dons dans une certaine proportion. Un homme, par exemple, qui prête 20,000 francs à 4 p. cent quand il pouvait parfaitement en demander 5, donne, en réalité, 200 francs par an à l'emprunteur.

Or, les prêteurs chrétiens diffèrent grandement de ceux qui n'ont que peu ou point de religion. Ceux-ci ne visent qu'aux gros revenus. Dès que l'argent, par conséquent, devient rare, et que le taux de l'intérêt augmente, ils s'en réjouissent et ne manquent pas de s'en prévaloir. Leur satisfaction tenant aux écus, ils sont portés à en exiger annuellement le plus qu'ils peuvent.

Le prêteur chrétien a un but tout différent. Il ne prête que pour être utile à ses frères, et il tend, par conséquent, naturellement, surtout quand il prête à une œuvre de bienfaisance, à demander de ses fonds un taux de plus en plus bas. Il se dit : Puisque j'ai été si heureux de ne prendre que 4 p. cent quand je pouvais en demander 5, je serais évidemment plus heureux encore si je ne demandais que 5 au lieu de 4. Dieu me garde de contester un raisonnement aussi concluant, et d'arrêter jamais d'obligeants prêteurs sur cette pente, dussent-ils descendre de degrés en degrés jusqu'au plus bas échelon.

C'est un de ces prêteurs bienfaisants, mes chers apprentis, que la Providence nous a ménagé, pour que nous pussions solder le prix de notre acquisition et que nous n'eussions pas à nous alarmer du chiffre de notre dette.

Que manque-t-il donc maintenant à l'œuvre du Patronage, pour qu'elle prenne dans notre ville toute l'extension qu'elle doit naturellement y recevoir? Il lui manque uniquement d'être plus connue qu'elle ne l'est des personnes charitables, qui nous aideraient par leurs souscriptions à éteindre d'abord notre dette, puis à agrandir notre action.

L'œuvre du Patronage est connue de nom, il est vrai, d'un certain nombre de personnes, particulièrement des Dames pieuses qui suivent les prédications du Carême à Saint-Etienne. Tous les ans, en effet, Monseigneur l'Archevêque veut bien nous autoriser pendant le Carême à faire, à la Métropole, une quête, dont le produit est toujours assez élevé.

Mais puisque notre œuvre excite tant d'intérêt chez des personnes qui l'entendent nommer pour la première fois, que d'offrandes ne pourrions-nous pas espérer de celles qui verraient tout le bien qui se fait chez nous, et le bien plus considérable encore qui peut s'y faire !

L'un des plus grands avantages que nous trouvons dans notre nouveau local, c'est précisément de pouvoir désormais montrer plus facilement aux personnes bienfaisantes de notre ville, qui en compte un si grand nombre, et aux Dames en particulier, dont plusieurs ont daigné aujourd'hui même répondre à notre invitation, l'emploi que nous faisons des dons qu'on nous fait.

Jusqu'ici nous n'avions guère osé inviter des Dames à nos petites fêtes du Patronage.

Dans le local qu'a occupé durant plus de dix ans notre Société, à l'extrémité de la rue des Trente-Six-Ponts, notre plus belle salle de réunion, ou plutôt notre unique salle, était un hangar, que nous ne pouvions garnir que de siéges d'emprunt, et ces siéges n'y étaient jamais bien solides, parce que le sol non carrelé présentait d'effrayantes inégalités.

Nous fûmes un peu mieux installés ensuite dans le local de Saint-Cyprien. Mais, outre que nous n'étions là que locataires, c'était bien risquer que d'engager des dames à aller si loin, et à se transporter de la capitale du Languedoc sur les limites de la Gascogne. Pour espérer en avoir un certain nombre, il aurait fallu leur promettre qu'en traversant la Garonne, elles n'auraient à souffrir ni du chaud, ni du froid, ni de la pluie, ni du vent, et pareille promesse eut été, de notre part, un peu téméraire.

Ces obstacles ont maintenant disparu. Les dames qui voudront bien désormais répondre à nos invitations, n'auront ni à changer de province, ni à s'alarmer de siéges posés sur des surfaces trop inégales. Notre entrée, il est vrai, quoique nous l'ayons décorée de notre mieux pour honorer Sa Grandeur, ne rappelle pas encore tout-à-fait l'avenue d'un palais, et les dames eussent préféré peut-être, pour arriver ici, traverser d'abord une cour d'honneur, au lieu de rencontrer une basse-cour; mais, si tel est leur goût, il ne dépendra que d'elles de pouvoir contempler ce merveilleux changement l'année prochaine, et le proverbe : Ce que femme veut Dieu le veut, qui n'est pas toujours, je crois, rigoureusement vrai, le sera complètement cette fois.

Si les dames pieuses, qui sont en si grand nombre à Toulouse, voulaient bien, en effet, nous venir en aide, nos ressources annuelles seraient immédiatement doublées ou triplées. Que cent d'entre elles consentent seulement à laisser écrire leur nom derrière la petite image que le révérend Père, directeur de notre œuvre, a eu la bonne pensée d'offrir à nos bienfaiteurs; nos ressources, par ce seul fait, se trouveront plus que doublées; car je dois avertir que, dans la petite notice qui se trouve au revers de l'image, le nom de *patron* honoraire, promis aux personnes qui nous donneront 10 fr. par an, ne dénote nullement un privilége masculin, et qu'il s'applique également aux deux sexes.

Que faudrait-il donc pour que nous pussions compter nos patronesses par centaines? Bien peu de chose, ce me semble. Pour beaucoup de dames il suffirait, par exemple, de retrancher à leur coiffure un rien, un nœud de ruban, une fleur, ou, si elles l'aimaient mieux, car je ne voudrais pas contrarier leur choix, une plume : quoi de plus léger qu'une plume! Rien qu'avec le prix de ces bagatelles, que la bonne grâce des femmes chrétiennes rend pour elles toujours superflues, leurs souscriptions, dont nous n'entendons d'ailleurs en aucune façon limiter la quotité, pourraient s'élever d'un seul coup à un chiffre imposant.

Toutes les dames qui nous ont fait l'honneur de se rendre à notre réunion, consentiront certainement à retrancher ainsi, dans l'intérêt de nos apprentis, quelque inutilité de leur toilette; et quand Monseigneur, avant de nous quitter, bénira toute l'assistance, il daignera, je l'espère, étendre ses bénédictions aux dames absentes qui voudraient se piquer vis-à-vis des présentes d'une généreuse émulation.

Par le concours des unes et des autres, le peu de bien que nous faisons augmentera dans des proportions notables. Les jeux de nos chers enfants, partie tout-à-fait essentielle de notre œuvre, deviendront plus variés, et par cela même plus intéressants; la pompe de nos petites cérémonies, qui contribue sensiblement à développer leur piété, augmentera; nos cadres de réception pourront en même temps s'élargir beaucoup, et *Toulouse*, j'aime au moins à me le figurer, pourra, dans la suite, avoir comme d'autres villes, comme *Metz* notamment et comme *Marseille*, une maison de Patronage où des hommes religieux s'occuperont exclusivement à moraliser chaque jour la jeune population ouvrière, qui tend de plus en plus, dans les grandes cités, à devenir tout-à-fait païenne.

Les jeunes ouvriers, en effet, ne recevant ordinairement que de mauvais exemples dans les ateliers, et quelquefois, hélas! des exemples non moins funestes quand ils rentrent dans leur famille, désapprennent de bonne heure le chemin de l'église, et deviennent au bout de peu d'années aussi étrangers aux maximes chrétiennes, que les peuplades sauvages chez qui les vérités de la foi n'ont jamais été annoncées.

Grâce aux témoignages si précieux de sympathie que nos jeunes apprentis reçoivent aujourd'hui, grâce aussi à la Société des chefs d'atelier qui exerce sur eux la plus heureuse influence, puisque la plupart de nos apprentis sont placés chez des maîtres qui appartiennent à cette pieuse association, sœur de la nôtre, et y trouvent des modèles de toutes les vertus chrétiennes, nous espérons, Monseigneur, que la cité des Saturnin et des Exupère n'aura jamais à redouter la démoralisation complète des classes ouvrières, qui est certainement le plus grand danger dont la société française soit aujourd'hui menacée.

L'OUVERTURE DU PATRONAGE

(Musique de M. Kunc.)

S'il est un lieu charmant où l'on vienne oublier
L'étude et le travail, l'école et l'atelier,
    C'est bien au sein du Patronage.
Ici, la vie est belle et pleine de bonheur,
Ici, c'est une fête aimable pour le cœur,
    Ici, le ciel est sans nuage.

Ici, nous apprendrons à devenir meilleurs,
A ne point oublier ce qu'on oublie ailleurs,
    La religion, notre mère,
Qui nous ouvre la vie et nous ferme les yeux,
Et nous aide à franchir le seuil mystérieux
    De la mort qui nous est amère.

Ici, la charité, pour venir jusqu'à nous,
Sait voiler ses bienfaits sous les traits les plus doux.
    Mais, à sa divine influence,
Le cœur sent et devine où sont les vrais amis;
Nos vrais amis c'est vous, vous, ô patrons chéris,
    Les anges de la Providence.

Le ciel visiblement nous sourit aujourd'hui,
Toujours au Patronage il prêta son appui;
    Mais en ce jour comme il nous aime!
Que d'amis près de nous! Pour comble de bonheur,
Dieu se montre à nos yeux, car vraiment Monseigneur
    N'est-ce pas un autre lui-même?

REFRAIN :

Sur ce naissant asile, ô Vierge immaculée,
Jette du haut du ciel un regard protecteur.
Veille sur ces enfants, bénis cette assemblée,
Qui, pour le Patronage, implore ta faveur.

DEUXIÈME CANTATE

L'APPRENTI CONTENT

Je suis content!... il faut prendre la vie
    Du bon côté.
Qu'on connaît peu cette philosophie
    · De la gaîté!
J'ai Dieu pour père, et fier de ma noblesse,
    À tout venant
J'aime à chanter : Qu'on peut sans la richesse
    Vivre content.

Quand sur ma route un brillant équipage
    Passe à grand bruit,
Nul ne surprend jamais sur mon visage
    L'air d'un dépit.
Si le dehors par l'éclat en impose,
    Là bien souvent
Le cœur qui sent l'épine sous la rose
    N'est pas content!

La pauvreté..., j'ai compris qu'elle honore
    Depuis qu'ici

L'on nous a dit que le Dieu que j'adore
  Fut pauvre aussi.
Et depuis lors, — c'est pas que je me vante
  Du changement, —
De moi l'on dit : Ou qu'il grêle ou qu'il vente
  Il est content!

Pour l'apprenti la sueur et la peine
  Sont du métier,
Mais un jour fait, au bout de la semaine,
  Tout oublier :
Exprès pour moi, le ciel donne au dimanche
  Tant d'agrément,
Sur les six jours que j'y prends ma revanche
  Le cœur content!

En ce jour-là, ma plus douce allégresse
  C'est de pouvoir
Au saint banquet du Dieu de ma jeunesse
  Parfois m'asseoir.
Quand je sens là, pour hôte en ma poitrine,
  Un Dieu présent,
Oh! qu'alors j'ai, — sans peine on le devine, —
  Le cœur content,
  Oui très content!

Je suis content! Monseigneur autorise
  Mon gai refrain,
Il me permet de chanter ma devise
  Soir et matin.
« Garde ta joie et ton âme innocente,
  » Heureux enfant,
» Pour que là-haut à jamais ta voix chante :
  » Je suis content! »

NOTRE-DAME DES APPRENTIS

(Musique de M. LABURTHE.)

Vous dont l'amour embrasse
Les grands et les petits,
Notre-Dame de Grâce,
Sauvez les apprentis.

Vive le Patronage,
Ici les apprentis,
Après l'apprentissage,
Gagnent le paradis.
Vous êtes la patronne
De cet aimable lieu,
Où la piété donne
Des anges au bon Dieu.

Quand Jésus, tendre Mère,
Travaillait sous vos yeux,
Si la sueur amère
Mouillait ses blonds cheveux,

Il dormait sans alarmes
Dans vos bras triomphants...
Mère, essuyez les larmes
De vos autres enfants.

Vierge, que votre asile
A Toulouse bâti,
Soit, dans la grande ville,
Pour le jeune apprenti,
Comme les sanctuaires
Où de pieux marins,
Sauvés par vos prières,
Viennent en pélerins.

Vous dont l'amour embrasse
Les grands et les petits,
Notre-Dame de Grâce,
Sauvez les apprentis.

ALLOCUTION DE MONSEIGNEUR L'ARCHEVÊQUE

Le premier fondateur des œuvres de Patronage, l'abbé Allemand, avait adopté pour l'enfance cette devise, qu'il répétait sans cesse : S'amuser et prier. L'enfance, en effet, a besoin d'être attirée par des amusements, et les prières prolongées, précisément parce qu'elles sont l'aliment substantiel des forts, ne conviennent pas à des intelligences à peine formées, qui seraient incapables de les supporter. Il faut traiter ces jeunes intelligences comme on traite un nourrisson qu'on se prépare à sevrer, et à qui l'on donne dans les premiers temps beaucoup plus de lait que de viande et de pain, pour ne pas surcharger son estomac encore débile.

Monseigneur l'Archevêque a développé de la manière la plus saisissante cette pensée, visiblement inspirée à tous les amis de la jeunesse par la parole même du divin Maître qui, en commandant à ses disciples de laisser les petits enfants s'approcher de lui, marquait clairement que la première condition de réussite pour quiconque s'occupe de former des enfants ou des adolescents, c'est d'éviter avec le plus grand soin tout ce qui peut leur causer de l'ennui ou du dégoût.

S'amuser, Mes Chers Enfants, a dit Monseigneur, c'est là comme une nécessité de notre vie, et jamais l'Église n'a défendu les distractions légitimes que l'homme peut se donner. C'est même là ce qui distingue tout d'abord les plaisirs d'ici-bas, ceux qui sont permis et ceux qui ne le sont pas, ou plutôt, c'est là ce qui indique que les joies du monde ne sont vraiment pas dignes de ce nom, et que ce qui repose l'âme, en la purifiant, mérite seulement d'être appelé un amusement et une joie.

Vous êtes trop jeunes, Mes Chers Enfants, pour savoir ce que sont les amusements profanes ; mais bien d'autres qui ne sont pas aussi jeunes que vous le savent bien, et l'ont souvent même appris à leurs dépens. Une joie bruyante et folâtre, des amusements qui fatiguent en même temps l'âme et le corps, un mouvement désordonné qui se termine ensuite par l'ennui et le remords, voilà, Mes Chers Enfants, la vraie physionomie des divertissements profanes. Un illustre orateur a dit : *qui amuse le peuple le corrompt;* et cela est vrai pour les amusements du monde. Toute joie dans laquelle Dieu n'entre pour rien, est une joie souvent mortelle, une joie homicide. Dieu s'éloigne du bruit, et tout amusement qui bannit Dieu, qui ne le prend pas pour sa cause et pour son centre, ne mérite plus d'être offert à une créature dont tout le bonheur doit consister plus tard à voir Dieu, et à le voir toujours. Par conséquent, Mes Chers Enfants, toute association qui vous amuse chrétiennement, qui vous procure des délassements calmes et permis, cette association vous replace dans le seul milieu de la véritable joie.

Comment n'être point frappé de la vérité et de la justesse de ces belles paroles !

L'auditoire a pu croire ensuite entendre une page du Saint aux comparaisons charmantes, de saint François de Sales, quand Monseigneur a ajouté :

Ce qu'il y a de remarquable dans les amusements chrétiens, c'est qu'ils sont bien simples et qu'ils ne coûtent pas cher. Que faut-il pour distraire et intéresser une âme qui est en état de grâce et qui participe, par conséquent, en quelque chose à la simplicité de Dieu ? Ce qu'il faut au ruisseau pour qu'il puisse refléter les objets qu'on lui présente. Si le ruisseau est pur et limpide, l'objet le plus petit s'y reproduira avec une incroyable fidélité. .. ... naire, que cette eau soit troublée , et les obj ·· les plu· a|· ls et les plus volumineux n'y seront jamais reproduits. . i en est-il des âmes et des joies qui leur sont offertes. Si . ..e est pure et limpide, si le jour de Dieu l'éclaire jusqu'au fond , vous lui présenterez la distraction la plus légère et elle lui suffira. L'image de cet objet qui lui aura fait plaisir, ira la saisir jusqu'au fond et suffira quelquefois pour la charmer durant des mois entiers. Au contraire, que l'âme ne soit pas pure et que Dieu ne l'habite pas, vous aurez beau présenter les joies les plus bruyantes , tout demeurera à la surface, rien n'atteindra le fond ; et même, lorsqu'un homme aura cherché pendant longtemps ces divertissements tumultueux d'où Dieu et la véritable joie sont toujours absents, il en arrivera à un dégoût qui permettra de lui appliquer ce mot d'une femme célèbre sur le compte d'un grand roi : *Il n'est plus amusable.*

Oh ! Mes Chers Enfants, qui nous rendra ces joies simples des premiers âges et de tous les siècles chrétiens ! Ces joies pures et innocentes que Dieu inspirait, et que malheureusement notre siècle a trop bien réussi à bannir ! Ces joies qui permettaient à de grands Saints de trouver un agréable amusement dans la contemplation d'une fleur, dans la paix et le silence d'un jardin; dans les chants des petits oiseaux, ou, enfin, dans ces réunions paisibles de la famille où tout le bonheur consistait à se retrouver ! Le désir et le goût des joies simples est la preuve d'une grande innocence ; et je serai complètement rassuré, Mes Chers Enfants, sur le sort de vos âmes, tant que vous viendrez ici chercher dans des amusements honnêtes et chrétiens, le repos dont vous aurez besoin après des jours de fatigue.

Monseigneur a terminé son allocution par quelques paroles pleines de bonté pour les patrons de l'œuvre et pour les fervents Religieux qui ont fait prospérer le Patronage par les soins de tout genre qu'ils n'ont cessé, depuis sa fondation, de prodiguer aux apprentis.

Soyez, Mes Chers Enfants, a dit Sa Grandeur en terminant, la consolation de tous ceux qui s'occupent si amicalement de vous ; et puissiez-vous toujours oublier auprès d'eux des amusements qui ne vous amuseraient guère, mais qui ne manqueraient pas d'enlever à vos âmes l'innocence et la pureté.

La séance, qui s'est terminée par la bénédiction du local par Sa Grandeur, a pu fournir elle-même une preuve frappante de la vérité des pensées si heureusement exprimées par Monseigneur l'Archevêque dans son allocution. L'assistance tout entière, en effet, à en juger par l'enjouement qui, à chaque exercice, brillait sur tous les visages, a paru prendre à cette petite fête, disposée avec autant de simplicité que le sont les jeux et la collation des apprentis, plus de satisfaction et de plaisir que n'en causent d'ordinaire les réunions du monde les plus somptueuses et les plus splendides, même celles, et il n'y en a pas beaucoup de ce nombre, où un moraliste sévère ne trouverait rien à condamner.

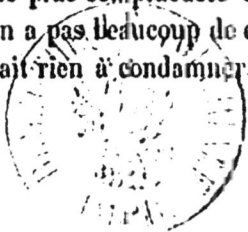

A. M. D. G.

Toulouse. — Imprimerie J. Pradel et Blanc.